Inhalt

Post Merger Integrationsprozess (PMI)

Kernthesen

Beitrag

Fallbeispiele

Weiterführende Literatur

Impressum

even

Post Merger Integrationsprozess (PMI)

M.Sydow

Kernthesen

- Auf dem deutschen Markt ist eine steigende Tendenz von Unternehmenszusammenschlüssen und übernahmen zu beobachten. (1), (11)
- Die Motive hierfür sind unter Anderem der Zukauf von Know-how oder die Schaffung von Synergien beispielsweise durch eine gemeinsame Nutzung von Produktionsressourcen. (10), (11)
- Häufig jedoch scheitern Übernahmen und Fusionen an einem mangelhaften Integrationsprozess unterschiedlicher

Unternehmensstrukturen, -prozesse und kulturen. (2), (9)

Beitrag

Unternehmensübernahmen oder -zusammenschlüsse (Mergers & Aquisitions oder kurz M&A) dienen häufig dazu, eine gewisse betriebswirtschaftliche Größe zu erlangen oder ein bestimmtes Know How zuzukaufen.

Ein Zusammenschluss oder auch Merger birgt jedoch einige Gefahren mit sich: Zwei unterschiedliche Unternehmenskulturen prallen aufeinander und vor allem die Mitarbeiter haben Sorge, dass im Laufe einer Fusion doppelt vorhandene Abteilungen oder Zuständigkeiten reduziert werden.

Die erfolgreiche Umsetzung einer Fusion ist daher entscheidend vom so genannten Integrationsmanagement abhängig. Hinter dem Begriff Integrationsmanagement oder auch prozess verbergen sich Phasen der formalen wie strukturellen Zusammenführung zweier bisher unabhängiger Unternehmen. Das Aufeinander treffen von verschiedenen Unternehmensstrategien bzw. strukturen sowie differierende Unternehmenskulturen machen eine systematische

M&A-Integrationsarbeit und ein Integrationsmanagement notwendig. Daneben ist auch eine Zusammenführung der Mitarbeiter beider Unternehmen enorm wichtig. Das Management trägt daher in großem Maße die Verantwortung für eine fusionsbegleitende interne Kommunikation sowie die organisatorische Umsetzung der gesetzten Fusionsziele. (1), (10)

Nachfolgend werden zunächst mögliche Erfolgsfaktoren eines M&A beschrieben. Anschließend wird aufgezeigt, wie ein Integrationsprozess sinnvoll aufgebaut werden sollte. Hierbei wird vor allem die Aufgabe der Führungskräfte in einem Integrationsteam sowie die Funktion einer effizienten Kommunikation beschrieben.

Erfolgsfaktoren

Um den Erfolg eines Zusammenschlusses messbar zu machen, wird häufig die so genannte ROI-Quote (Return on Investment) herangezogen. Diese vergleicht den ROI-Wert nach dem M&A beispielsweise mit dem ROI-Wert, der zu banküblichen Zinsen ohne M&A erzielt worden wäre. Dies ermöglicht vergleichbare Aussagen über den

Erfolg eines M&A. Tatsächlich scheitern jedoch viele Zusammenschlüsse an der Missachtung so genannter weicher Faktoren wie etwa Unternehmenskultur, Personal und Organisation.

Entscheidende Erfolgsfaktoren sind daher vor allem:

-Klare Definition der Entscheidungskompetenzen
-Entwicklung und Vermittlung einer gemeinsamen Unternehmensvision
-Bildung von Vertrauen und Glaubwürdigkeit der neuen Führungsspitze. (2), (5), (6), (10)

Integrationsprozess

Integrationsprozesse werden in der Regel viel zu spät angegangen. Um den Erfolg einer Fusion zu gewährleisten, ist es wichtig, dass der Integrationsprozess bereits während des Kaufprozesses angestoßen wird. Hierzu kann das Management einen Integrationsplan erstellen, der inhaltliche wie zeitliche Abläufe definiert. Ebenso sind im Vorfeld die Verantwortlichkeiten zu regeln. Dies kann beispielsweise durch das Aufstellen eines so genannten Integrationsteams erfolgen. (4), (10)

Integrationsteam

Die Steuerung der Integrationsprozesse durch das Management ist von entscheidender Tragweite. Führungskräfte sollten in einem Fusionsprozess auf allen Ebenen und in jedem Bereich agieren. Wichtige Faktoren, die das Management beachten kann, liegen beispielsweise in der Berücksichtigung des Status quo der Personalpolitik. Hierzu sollten nachfolgende Punkte zunächst geklärt werden: bisherige Beförderungspraxis, Struktur der Hierarchieebenen, Management-Controllingsysteme, Gehälterstruktur und Vergütungssysteme beider Unternehmen. (1), (2), (4), (7), (10)

Kommunikation

Das Bedürfnis der Mitarbeiter beider Unternehmen liegt in erster Linie weniger in der Partizipation am Veränderungsprozess, sondern in der Orientierung und Information der aktuellen und künftigen Veränderungen. Die Kommunikation ist daher besonders wichtig, um die Akzeptanz in der Belegschaft zu erlangen.

Besonders effektvoll kann die interne Kommunikation wirken, wenn deren

Konzepterstellung von Mitarbeitern beider Unternehmen entwickelt wird. Dies gewährleistet, dass die verschiedenartigen Bedürfnisse der Unternehmen in dem Konzept integriert sind. Sowohl nach Außen (gegenüber Kunden, Geschäftspartnern sowie der Öffentlichkeit) wie auch nach Innen (Mitarbeiterkommunikation) schafft dies einen gemeinsamen Auftritt und stärkt die notwenige Akzeptanz der Fusion.

Entscheidend für den Erfolg ist vor allem auch die Annahme der Fusion durch die Mitarbeiter: Dies erfordert in jedem Fall eine frühzeitige und rechtzeitige Kommunikation der Absichten beider Unternehmen gegenüber ihren Mitarbeitern. Vor allem nachfolgende Punkte sollte das Management dabei berücksichtigen:

-Mitarbeitern die Vorteile der Fusion nahe bringen
-Veränderungsbereitschaft der Mitarbeiter durch Information zu zeitlichen wie inhaltlichen Veränderungen wecken
-Mitarbeiter über Veränderungen ihrer Aufgabengebiete informieren und sie zur Mitgestaltung auffordern
-Identifikation mit dem künftigen gemeinsamen Unternehmen schaffen
-Akzeptanz der neuen Unternehmensleitung fördern.
(1), (3), (5), (10)

Fallbeispiele

Der Spezialglashersteller Schott AG hat eine eigenständige M&A Abteilung gegründet. Das vorrangige Ziel war dabei, die verschiedenen M&A Prozesse zu strukturieren. Bei Schott wird auch der Post-Merger-Integrations-Prozess (PMI) von der M&A Abteilung mit verantwortet. Die M&A Abteilung wird jeweils von einer Doppelspitze gesteuert. Hierzu zählen ein Spartenleiter für die inhaltlichen Aspekte der Fusion oder Übernahme sowie ein Projektmanager der M&A Abteilung, mit den notwendigen Erfahrungswerten der jeweiligen M&A Prozesse. Der PMI bei Schott startet idealerweise bereits während der Due Dilligence. Das heißt, dass bereits während des Kaufprozesses klar sein muss, welche Führungsspitze im Anschluss die Integrationsaufgaben übernehmen wird. (4)

Die Sparkasse Fulda zieht eine positive Bilanz aus dem Zusammenschluss der Kreissparkasse Fulda, der Städtischen Sparkasse und der Landesleihbank Fulda im Jahre 1998. Besonders hilfreich war Ihrer Ansicht nach eine gemeinsame Definition der neuen Eckwerte durch die Vorstände. Daneben half die Unternehmensplanung ORGAPLAN mit Know-How bei der zielgerichteten und termintreuen Umsetzung aller fusionsrelevanten Arbeitsschritte. Letztlich hat eine kontinuierliche interne Kommunikation dazu geführt, dass auch die Belegschaft beider Sparkassen durch regelmäßige Mitarbeiterinformation in den Prozess integriert worden sind. (5)

Bei dem Zusammenschluss der Banken SGZ-Bank, GZB Bank und DZ Bank zur DZ Bank Gruppe haben nachstehende Faktoren maßgeblich zum Erreichen der Fusionsziele beigetragen:

-Definierte Ziele sowie eine klare Gesamtstrategie
-Ziel- und risikoorientierte Umsetzungsplanung
-Projektorganisation sowie ein zugehöriges Ergebnis-Controlling
-Zeitnahe Umsetzung der definierten Ziele
-Motivierte und in den Prozess eingebundene Führungskräfte und Mitarbeiter. (6)

Die Deutsche Post World Net hat ihr gesamtes Integrationswissen in einer Konzerneinheit gebündelt. Erfahrene Führungskräfte haben die Aufgabe in der so genannten Corporate-Merger-Integration-Unit (CMI) die verschiedenen Integrationsteams von der Deutschen Post World Net bei ihrer Arbeit zu unterstützen. Dabei liegen die Kernaufgaben dieser

Unit in der Pflege eines Netzwerkes von erfahrenen Führungskräften innerhalb des Konzerns, der Durchführung von internen Audits während der verschiedenen zeitlichen Phasen einer Integration sowie der Bereitstellung von standardisierten Tools, Reportings oder Merger-Integrationsmethoden. (8)

Weiterführende Literatur

(1) Integriertes Kommunikationskonzept begleitet die Fusion zur Sparkasse KölnBonn Mit stimmiger Argumentation Mitarbeiter gewinnen
aus Die SparkassenZeitung, 03.12.2004, Nr. 49, S. B9

(2) Archaische Reaktionen bei Fusionen
aus Lebensmittel Zeitung 45 vom 05.11.2004 Seite 064

(3) Gute Fuehrung in Zeiten des Umbruchs
aus DVZ, Nr. 133 vom 09.11.2004

(4) Mit einer Doppelspitze ins M&A-Geschäft
aus FINANCE - Der Markt für Unternehmen und Finanzen Heft 12/01 vom 26.11.2004, Seite 033

(5) Strategie 2010 stand Pate Erfolg durch strategische Fusion und neue Vertriebsausrichtung Interview mit Herrn Alois Früchtl und Herrn Reiner Mück, Sparkasse Fulda
aus Betriebswirtschaftliche Blätter, Oktober 2004, Nr. 10, S. 532

(6) DZ Bank: Ausschöpfung fusionsbedingter Synergien als Ziel und Herausforderung
aus Zeitschrift für das gesamte Kreditwesen Ausgabe Technik 04 vom 15.09.2004 Seite 012

(7) Glücklich trotz Fusion?!
aus acquisa, Vol. 52, Heft 9/2004, S. 82

(8) M&A-Management-Praxis
aus FINANCE - Der Markt für Unternehmen und Finanzen Heft 10 vom 30.09.2004, Seite 027

(9) Lukrative Deals Die meisten Akquisitionen und Merger lohnen sich doch für die Aktinonäre - wie eine Analyse der Boston Consulting Group bei mehr als 700 US-Konzernen belegt.
aus Capital vom 13.05.2004, Seite 62

(10) Post-Merger-Integration - Ein kritischer Erfolgsfaktor bei Unternehmenszusammenschlüssen
aus ZWF - Zeitschrift für wirtschaftlichen Fabrikbetrieb, Heft 5/2004, S. 239-242

(11) ERFOLGREICHES FÜHRUNGSVERHALTEN BEI UNTERNEHMENSZUSAMMENSCHLÜSSEN: Ein Anforderungsprofil mit Kompetenzen für die Integration verschiedener (Landes- bzw. Unternehmens-)Kulturen
aus Wirtschaftspsychologie, Heft 3, 2004, S. 46-52

(12) Eine Frage des Wie Fusion
aus Die Bank, Heft 09/2004, S. 53

Impressum

Post Merger Integrationsprozess (PMI)

Bibliografische Information der deutschen Nationalbibliothek

Die Deutsche Nationalbibliothek verzeichnet diese Publikation in der deutschen Nationalbibliografie; detaillierte bibliografische Daten sind im Internet über http://dnb.d-nb.de abrufbar.

ISBN: 978-3-7379-0172-7

© 2015 GBI-Genios Deutsche Wirtschaftsdatenbank GmbH, Freischützstraße 96, 81927 München, www.genios.de

Alle Rechte vorbehalten. Dieses Werk ist einschließlich aller seiner Teile – z.B. Texte, Tabellen und Grafiken - urheberrechtlich geschützt. Jede Verwertung außerhalb der Grenzen des Urheberrechtsgesetzes bedarf der vorherigen Zustimmung des Verlags. Dies gilt insbesondere auch für auszugsweise Nachdrucke, fotomechanische Vervielfältigungen (Fotokopie/Mikroskopie), Übersetzungen, Auswertungen durch Datenbanken oder ähnliche Einrichtungen und die Einspeicherung und Verarbeitung in elektronischen Systemen.